Dr. C. Fr. Meyer

**Atlas zur deutschen Geschichte**

Dr. C. Fr. Meyer

**Atlas zur deutschen Geschichte**

ISBN/EAN: 9783743673854

Hergestellt in Europa, USA, Kanada, Australien, Japan

Cover: Foto ©ninafisch / pixelio.de

Weitere Bücher finden Sie auf **www.hansebooks.com**

# ATLAS

zur

# DEUTSCHEN GESCHICHTE

entworfen

von

Dr. C. Fr. Meyer,

16 KARTEN.

MHP LC
G
1911
21
MY
1901

Harvard College Library.
30 June 1901.
From the Library of
Prof. B. W. GURNEY.

# VORWORT.

Ein besonderer Atlas für deutsche Geschichte bedarf als ein neuer Versuch einigermassen der Rechtfertigung, zumal da in letzter Zeit die Zahl der für den Unterricht bestimmten Geschichtsatlanten durch zwei neue (von Putzger und von Kiepert Wolf) vermehrt worden ist, welche das gesammte Gebiet der Weltgeschichte, mithin auch die deutsche, umfassen.

Anregung zum Entwurf der folgenden 16 Karten mit ihren Nebenkarten gab nächst dem Bedürfniss des Unterrichts besonders das Lehrbuch des leider zu früh verstorbenen David Müller. Schon vor Jahren äusserte derselbe, als ihm diese Karten vom Verfasser vorgelegt wurden, dass ein solcher Atlas sehr wünschenswerth, ja für die deutsche Geschichte nothwendig sei. — Die deutsche Geschichte wird in unseren höheren Schulen zuerst in Tertia behandelt und bildet die zweite Hälfte des ersten, die ganze Weltgeschichte in ethnographischer Weise durchgehenden Cursus, worauf in zweiten Cursus, Secunda und Prima, noch einmal das ganze Gebiet repetirend und erweiternd in universalgeschichtlicher Behandlung durchschritten wird.

Wenn es nun ausser allem Zweifel steht, dass kartographische Hülfsmittel auf allen Stufen des Geschichts-Unterrichts unentbehrlich sind, so besteht doch keineswegs eine Uebereinstimmung darüber, ob es besser ist, dem Schüler von vorn herein schon in Quarta einen universalgeschichtlich angelegten Atlas in die Hand zu geben, oder ihn für jede Stufe mit einem entsprechenden Lehrmittel zu versehen. Letzteres geschieht für die alte Geschichte des ersten Cursus gewiss in den meisten Schulen, die ausgezeichneten und bis jetzt noch nicht übertroffenen Einzelkarten des Kiepert'schen Atlas antiquus bilden hier das beste und zuverlässigste Lehrmittel, auf der Tertia-Stufe aber fehlte es bis jetzt an einem solchen, und doch erfordert gewiss auch die deutsche Geschichte ganz abgesehen von dem patriotischen Interesse ebenso gut wie die alte, weil sie von mindestens derselben Wichtigkeit für die Entwicklung der Menschheit ist, ein ausführlicheres kartographisches Lehrmittel.

Ein besonderer Atlas ist aber auch wünschenswerth um der Territorialgeschichte willen, die, für den Unterricht unentbehrlich, doch erheblich in einem das ganze Gebiet der Weltgeschichte umfassenden Atlas viel weniger erschöpfend behandelt werden kann.

Von den 16 Karten des hiermit zum Gebrauche dargebotenen Atlas boten nicht wenige, weil es galt, ein möglichst getreues Bild der Zersplitterung des deutschen Reiches zu geben, ohne dabei die Klarheit und den Ueberblick zu vermissen, bei der Kleinheit des Maßstabes für die technische Ausführung grosse Schwierigkeiten. Die Verlagshandlung hat es sich angelegen sein lassen, durch die bewährte Technik der Herren Wagner und Debes in Leipzig, selbst in den schwierigsten Partieen, sogar ohne die Gebirgszeichnung zu opfern, saubere und klare Kartenbilder herzustellen.

STETTIN, im November 1879.

Der Verfasser.

# VERZEICHNISS DER KARTEN.

I Die Germanen von 113 v. Chr. bis 200 ca. n. Chr.
  Nebenkarte Die Germanen von 200 bis 735 n. Chr.

II Europa im Jahre 476 n. Chr.
  Nebenkarte Ostgothisches Reich.

III Das Frankenreich der Karolinger bis 911
  Nebenkarte Das Frankenreich der Merowinger bis 714

IV Das deutsche Reich unter den Sachsen und Saliern.
  Nebenkarte: Die Gegend an der Harz.

V Die grossen Reichsfürsten in Deutschland um das Jahr 1170
  Italien und das Königreich Burgund unter den Hohenstaufen.

VI Deutschland von 1273 bis 1493
  Nebenkarte Deutschland um das Jahr 1350

VII Deutschland von 1493 bis 1618.

VIII Deutschland im 30jährigen Kriege und seine Gestaltung am Ende desselben im Jahre 1648

IX Deutschland zur Zeit des 7jährigen Krieges.

X Deutschland 1803 nach dem Reichsdeputationshauptschluss.
  Deutschland von 1803 bis zur Stiftung des Rheinbundes 1806

XI Deutschland von 1806 bis 1815
  Nebenkarte. Schlacht bei Jena 1806
  " Feldzug in Russland 1812
  " Schlacht bei Leipzig 1813.
  " Elbing 1815

XII. Deutschland zur Zeit des deutschen Bundes 1815 bis 1866.
    Nebenkarte: Main-Feldzug 1866
XIII. Schleswig-Holstein 1848  1849  1850  1864
    Nebenkarte: Düppel und Alsen.
  Feldzug in Böhmen und Mähren 1866
    Nebenkarte: Schlacht bei Königgrätz
XIV. Krieg mit Frankreich 1870 - 1871
    Nebenkarte: Sedan.
          "    Metz und Umgebung
          "    Paris.
XV. Das deutsche Reich seit 1871
XVI. Die territoriale Entwickelung Preussens.
    Nebenkarte: Hohenzollern und Neufchâtel.

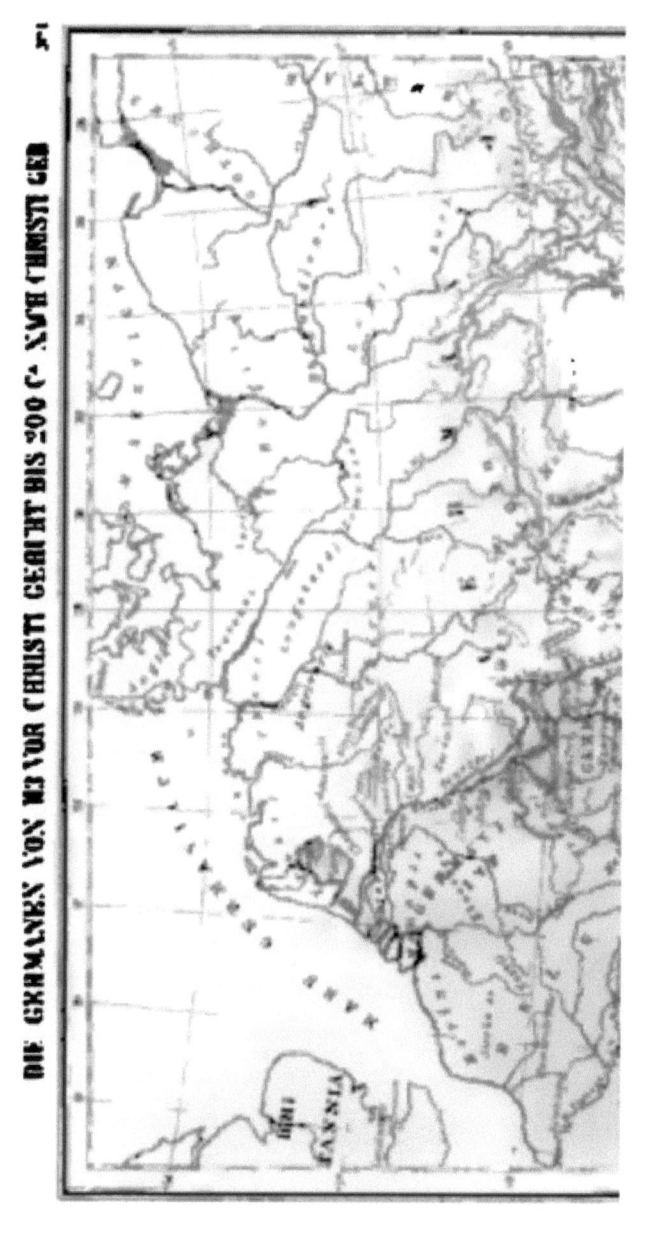

## DIE GERMANEN VON 200 BIS 375 N. CHR.

ADRIATICUM MARE

MARE MEDITERRANEUM

# DAS FRANKENREICH

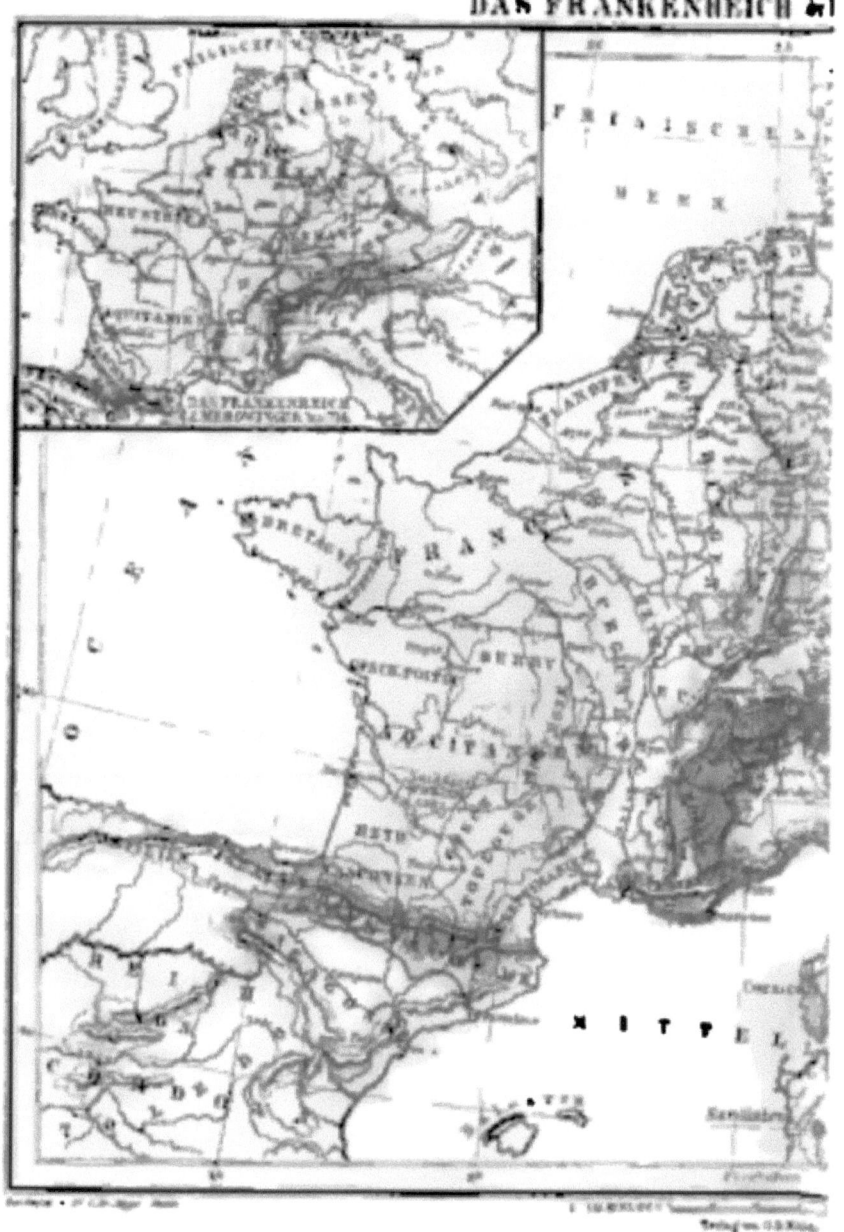

# Die KAROLINGER bis 911

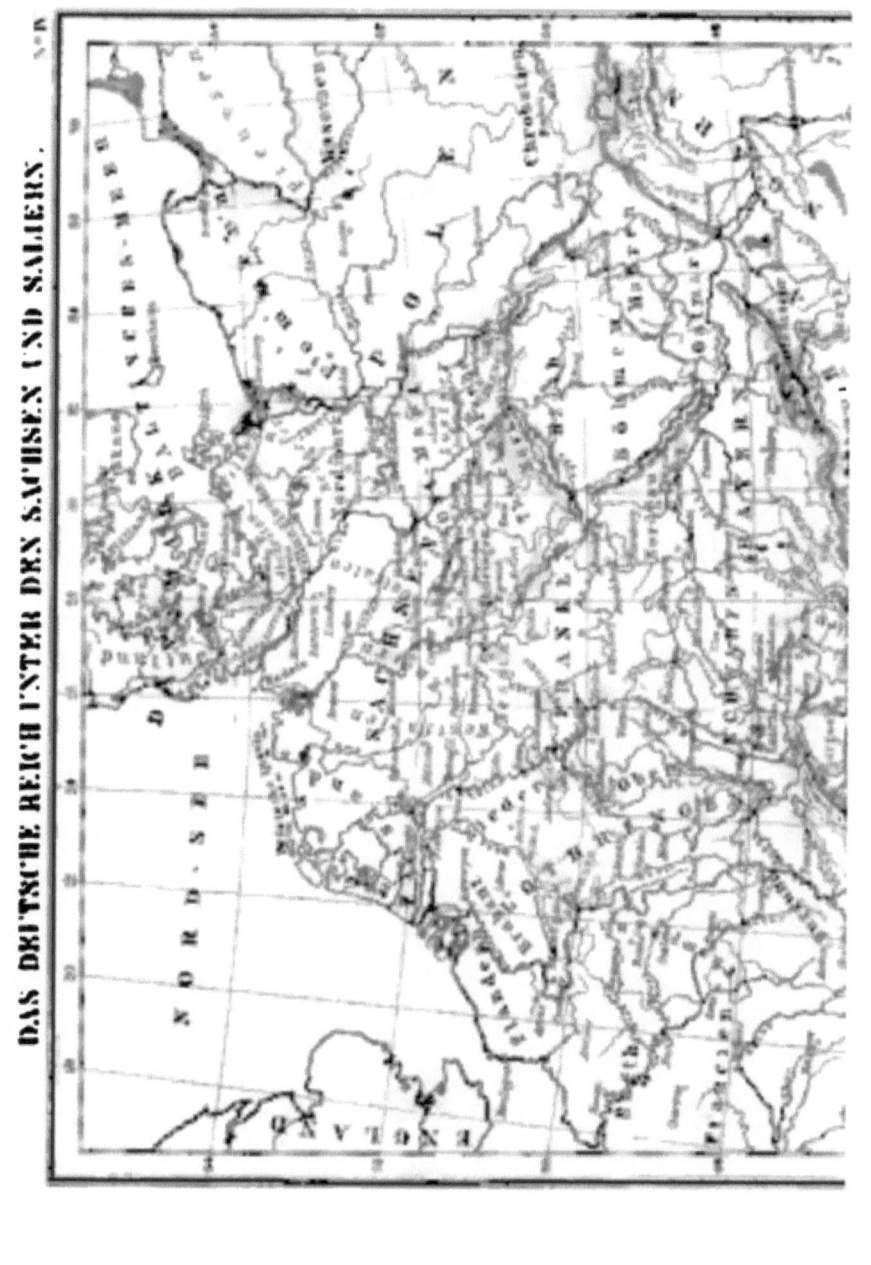

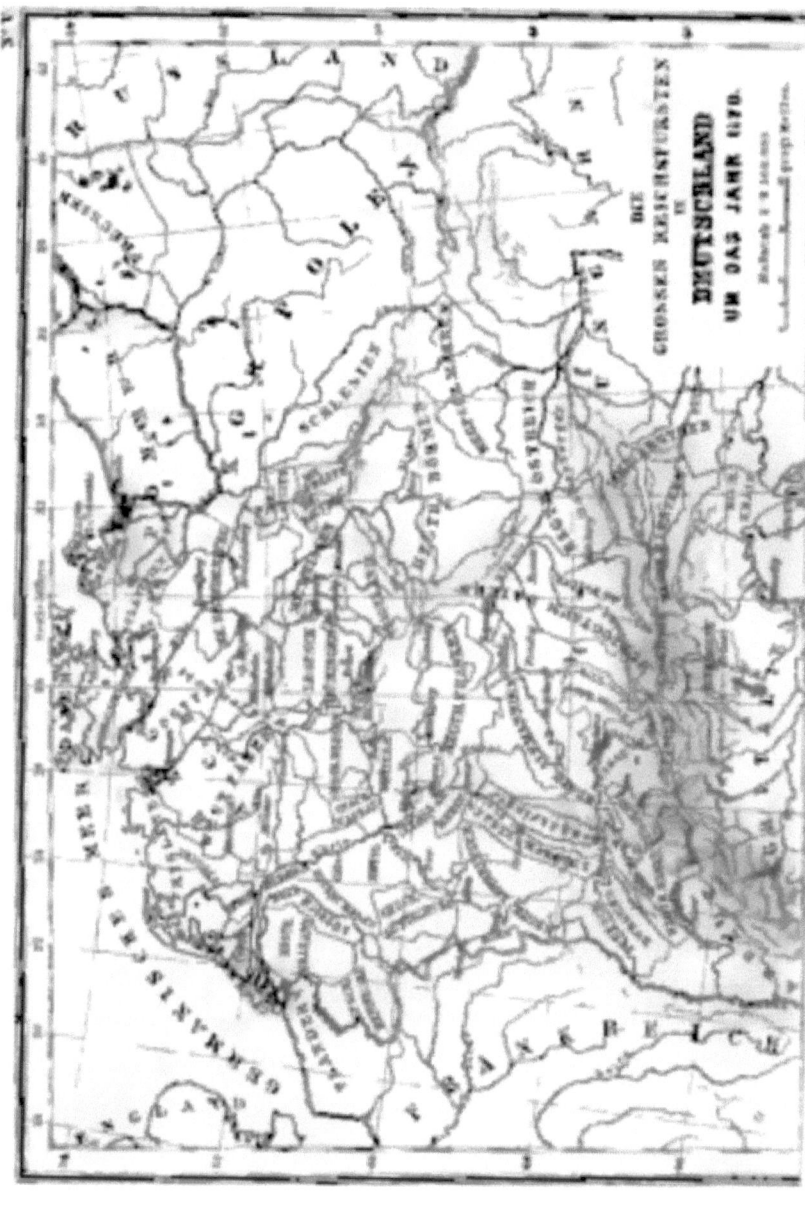

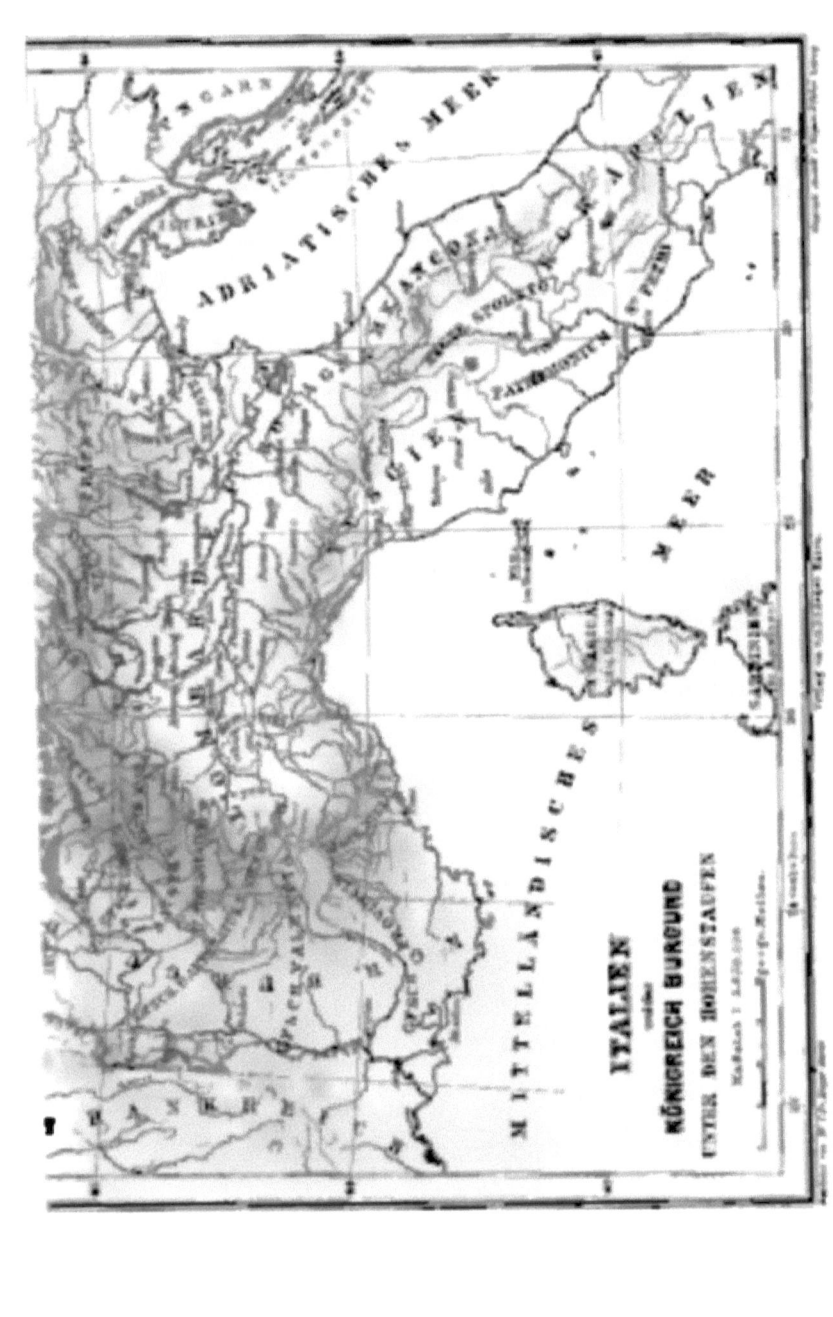

# DEUTSCHLAND

von 1273 - 1493.

# DEUTSCHLAND.

Von 1493 bis 1618.

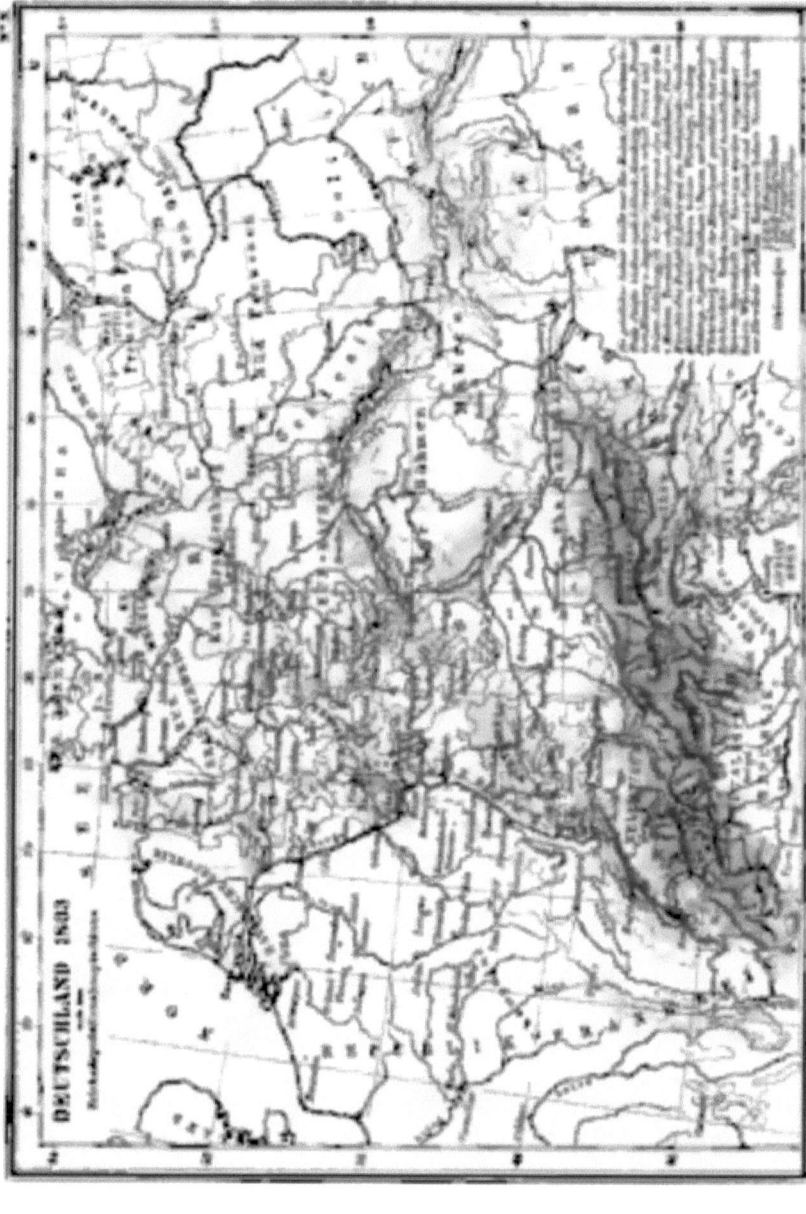

# DEUTSCHLAND

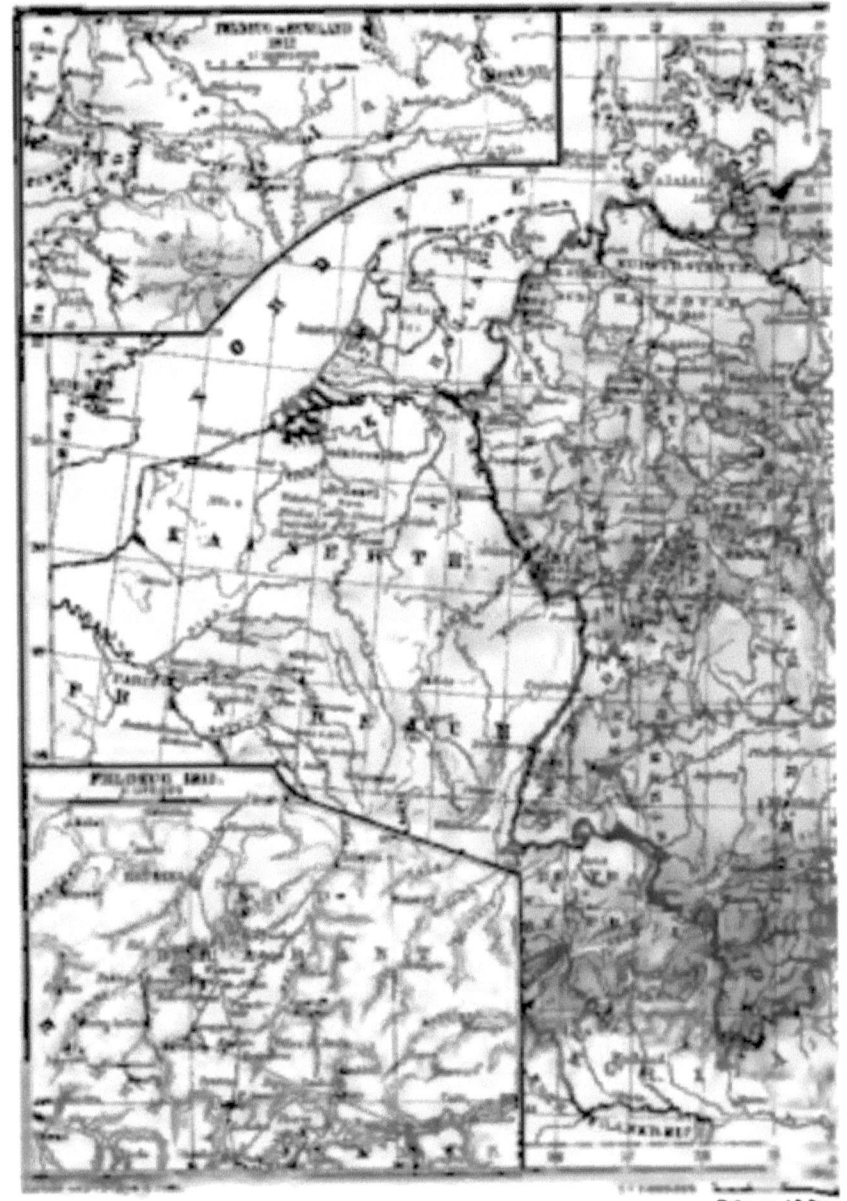

# DEUTSCHEN BUNDES 1815-1866.

KRIEG MIT FRA

## DAS DEUTSCHE REICH

## ICKELUNG PREUSSENS.